CW01310479

TRIGRAMAS

Claudia Capel

a mi hija Carla

Según leyendas milenarias, los trigramas aparecen en el caparazón de una tortuga sagrada y conforman un mapa cósmico con mensajes celestiales para descifrar en presente lo que viene del futuro y marcha hacia el pasado. Los sesenta y cuatro días y noches de Fu Xi observando las estrellas, los animales y la naturaleza, las interpretaciones de los hexagramas de Chou, las diez alas de Confucio, el Tao de Lao Tsé y los sueños premonitorios de Chuang Tzú son el eterno ahora de los latidos.

Los ocho trigramas son símbolos mágicos que representan las fuerzas del cambio, los círculos del tiempo, la guía de los misterios y la percepción del instante. La Poesía es el noveno trigrama y su símbolo, el corazón.

TRIGRAMA NUEVE*

La adivinación
es el arte
de la pura emoción
de lo antiguo
de las señales del cielo
del grillo
de la repentina intuición
que caza respuestas
en el aire del corazón.

*

(misterio del I Ching)

LOS OJOS

Trigrama del Fuego
LI
La luz que hace brillar cada cosa

Hay que ir corazón adentro
para ver lejos

percibir del tiempo
este momento

la emoción del ahora
en lo pequeño.

He leído el tiempo
tantas veces
como fue escrito

las horas del mar
en la orilla del corazón
he releído momentos

he visto en tus ojos
las palabras
he contado los segundos
de tu voz
he copiado a mano
los silencios

he intentado en sueños
hacer algo más fuerte que el amor.

¿Pero quién tiene
la suerte de tus ojos?
Luna de entonces

Donde el mar sabe quién soy
encontraré una vida con tu nombre

habrá un amor que no hemos leído
pero quizás existe

no es fácil llegar

hay que perfumar la memoria
con aires de la espuma
hasta oler a piel y nada más.

qué hará el mar
si un día lo abandonas
si no lo miras

En los espejos de la noche
tus ojos

no sé si me miran
pero yo los veo
como se recuerda un sueño
como se siente el corazón
cuando sucede
algo transparente

Hace miles de años
que te veo venir

en la intemperie
sin fin del amor
 en las cavernas
que nadie encontró
pero existían
en los descansos
del incienso
cuando ya te olía
en Bagdad mientras robabas
aceite para mi espalda
en el mar
cuando fui vikinga
en nuestra cama de piedra
de Chichén-Itzá
donde nos vestíamos con agua

mi piel sabía
de tu corazón
cuando moría
mientras me esperabas
en catacumbas romanas
cuando mentías en la India
con ocho dibujos

que recuerdo todavía
cuando escribí en papel de arroz
que te quería
para que nunca lo olvidaras

vivo con calma
cada una de mis vidas

cuando no te encuentro
miro hacia adentro
presiento que pronto llegarás
y cuento los días.

apaga los espejos
mírate por dentro
lava tu corazón

JARDINES DE SUZHOU

Con flores de ciruelo
haré montañas rojas
altas como el corazón enamorado
pondré un crisantemo
donde nacen las lágrimas
y olor a durazno
en el espacio del mar
sembraré con narcisos
las colinas de tu cama
cultivaré el jazmín
que perfuma la noche
y te invitaré a ver el mundo
en este jardín

en un pétalo de alelí
caben todos los recuerdos
y en el bambú
la infancia de pueblos enteros

nada es grande
si no existe en lo pequeño.

Y si la luna
no llega esta noche
mira un corazón

EL VIENTRE

Trigrama de la Tierra
KUN
Es la madre de los otros trigramas

Hacer una casa
cada mañana
y sostenerla
como si estuvieras
en el aire.

Desde mi casa
se ve todo el cielo.
Nido vacío.

Después de la siembra
el trabajo diario
el amor, el agua
y la paciencia de los años
el árbol
es más que el hacha.

Después del nido
las hojas, las ramas
el amor, el agua
y las intemperies del viento
el pájaro
es más que el arma.

Después de la espera
el ombligo, la vida
el amor, el agua
y las flechas del corazón
el cuerpo
no es más que alma.

Hay en el aire
alas de tu presencia.
Leve gorrión.

Llevo en mi corazón
los ojos de mi hija
su cara cuando duerme

y el lazo es tan eterno
y tan fuerte
que no creo que alcance
con llamarlo amor.

Te he visto pasar por el espejo.
Me mirabas.
Olías a fresa y caminabas
igual que yo.
Te he visto pasar por el espejo
con tanta libertad
con tanto amor.

Aprendo de las hormigas
que todavía hay hojas
para llevar a casa

aprendo ese trabajo
verde, diario
del hormiguero, de la esperanza.

Ahora haré mi casa

convertiré mi cama en cuenco
para la lluvia
daré al viento los recuerdos
las ventanas de la noche
podrán ver mis sueños
cavaré las dudas
hasta encontrar tierra
y sembraré un espejo
en la puerta

quien entre verá sus ojos
quien salga se hará pequeño
al marcharse.

No habrá jardín
apenas una flor
en todo el aire.

Abre tu casa en la oscuridad
conviértela
en caja de luciérnagas.

NIDO

¿Puede un ruiseñor
habitar la mañana
como tus ojos?

LA BOCA

Trigrama del Lago
TUI
El placer, el deseo

La vigilia de un beso
desvela todo el cuerpo

estira la noche
más que los sueños
 duerme con hambre

tiene un nombre
que el corazón espera
que el corazón sabe.

He cambiado tus labios
por unos versos

prefiero imaginarlos
y escribir deseos.

La poesía es un viaje
acampa en los labios
busca un tesoro

frota papel
para quemar silencios
espera un murmullo

(el ángel que cae del cielo
el cielo que esconde
sus intenciones)

es un devenir
y la constante novedad
del mundo.

CHA NO YU

En las estrellas
la ceremonia del té
es un poeta.
Dice constelaciones
alrededor del agua.

Lo único que hay
entre la vida y la muerte
es este momento

cómo late
tu nombre
en el aire.

Hace trescientas noches
que no te veo

y trescientos días
que no te doy un beso

por suerte el corazón
es más enorme que el tiempo.

SECRETO

Entre terribles fantasmas
 muertos y vivos
yo construyo una torre

una torre
que me convierte en refugio
y perturba a los enemigos

construyo una torre
en secreto
atrincherada al corazón

una torre
enorme como tus ojos
y esa luz invencible

construyo una torre
cada vez que escribo
una palabra

entre terribles fantasmas
que nunca jamás
vencerán tu perfume

una torre
como los ángeles
y el amor.

ARMAS

un lápiz
color tu nombre
y un papel

AGUA DE LOS SUEÑOS

Lávame con agua de los sueños
con licor de piel
con el jabón
de los deseos

lávame con ganas
y la humedad milenaria
de los besos

lávame lento
frótame entre tus piedras
cascada adentro
con amor
con el vaivén azul
que lame el tiempo
con tu cara mojada
con tu perfume y después
descánsame en tu pecho.

LAS MANOS

Trigrama de la Montaña
KEN
La protección ante el peligro

El vacío se hace a mano
con el cuerpo desnudo
a puro corazón

el trabajo pesado
de lo liviano
para cruzar un puente

un camino descalzo
casi transparente
después de mucho contar
con los dedos
hasta perdonarnos.

El cielo llega profundo
hasta el mar
y en el aire yo
con las manos abiertas
por si llegas.

cuando parece posible
tapar el sol con un dedo
se mueven en silencio
las distancias

Adivina la distancia
entre tu piel y mi cama
busca en los mapas del misterio
la punta de mi muralla
habla con los albañiles
que trabajan en tus sueños
adivina cómo derribarla
usa las herramientas
con el alma
trae a todos tus obreros
organízalos por turnos
　luna a luna
　copa a copa
　miedo a miedo

adivíname por fuera
y por dentro

derriba, cava, pica
demuele la pared
derrítela
adivina detrás de qué piedra
quedó mi corazón
y si lo encuentras con vida
devuélvemelo.

Lo mejor de la noche
es entrar a los sueños

ese lugar en el mundo
donde yo
te desnudo.

En el refugio de los sueños
encontré un corazón
como el mío

pasamos juntos las noches

él elige la música y yo
perfumo sus silencios

no sabemos
cuántos amores murieron
hacia qué vida vamos
casi vacíos
cada vez más descalzos
pero nos gusta ir así
por un sueño más
y de la mano.

Y cuando no tenga más
que las manos
escribiré tu nombre
en el aire.

Con palabras
construiré la casa
una de aire
una de piedra
una de alma

dejaré los pies
en la puerta

en la cama desnuda
dormiremos
a veces el amor
a veces la vida

colgaré un deseo
en la pared
como un cuadro
como un espejo
y esperaré
como tus ojos
como mi corazón

con las manos abiertas.

Escribí un sueño.
Lo guardo en un libro
como un pétalo.

Cuando no sepas
qué hacer en el bosque
busca el árbol
que tapa tu corazón
y talla mi perfume.

EL OÍDO

Trigrama del Agua
KAN
Fluir sin estancarse

Tanto silencio
mientras el tiempo pasa
sin mariposas

Nada en las manos nada
solo el corazón contra
la enorme distancia
nada en el aire nada
es tu perfume ni tiene tu cara
solo tiempo perdido

nada en el cuerpo nada
más que los sueños
nada más que el amor
armado hasta los dientes
de palabras
contra la voz del vacío.

Yo no busco en el aire
 tu presencia

pero estás en la canción
en el poema.

El tiempo es un secreto
que nos sorprende
cada vez que termina
y vuelve a empezar

nos desnuda
nos sobresalta

pasa como un beso
por el azar del corazón.

Hace lo mismo que el amor.

solo el aire
lleno de respiración
todo latidos

Una palabra de amor
cambia el mundo todavía
aunque nadie lo entienda.

En este jardín
florecen lunas
durante el sueño
trepan por las paredes
invisibles del aire
y dejan en el cielo
tu perfume

el jazmín de las estrellas
oye tu recuerdo
hasta que en mi pecho
nace una flor.

No sé del violín.
Mi corazón apenas
vive entre grillos.

Cuántas palabras
se lleva tu silencio.
Luna menguante.

Mucho silencio
me cuentan las estrellas.
Manos pequeñas
para tanta intemperie.
Y tu voz en el aire.

Las mariposas
adornan mis sandalias.
Ando descalza
la casa, el camino
la voz de la hormiga.

LA MENTE

Trigrama del Cielo
CHIEN
El principio de la creación

Detrás del cielo
duerme la mariposa
de la memoria.

nada olvidaremos del pasado
nada sabremos del destino

el latido del instante
la respiración del momento

el aire del ancestro
el beso de los hijos

de dónde venimos
hacia dónde vamos

un rato más de corazón
y todavía un sueño.

Si no encuentras tu corazón
busca más adentro
más atrás
cuando además de soñar
creías en tus sueños

cuando se cortaba la respiración
y en ese instante, había un deseo.

Como el aire
invisible de la flor
pasa el tiempo.

pero no hay cómo saber
hasta cuándo los sueños
seguirán esperándonos

No pude hechizar el tiempo
quemar hierbas de la ausencia
para que siempre estuvieras

fui tan feliz que apenas lo recuerdo

pero ni las vidas ni los sueños
saben más que el corazón
mientras te quiero.

La esencia de papiro
es una nostalgia
usada por faraones y sacerdotes
para esconder mensajes
en los perfumes

era tarea de hechiceros
y niñas color ébano
decir oraciones de agua
junto al fuego
y bailar alrededor del árbol
hasta hacerlo llorar

las gotas se guardaban
en el pañuelo de los recuerdos
hecho a mano
con hebras de cielo
y murmullos de estatua
luego se usaban
en ceremonias de amor
que nadie cuenta

solo se sabe
que el papiro llega al alma
y huele secretos
de las vidas pasadas.

Trasluz de aves
y cielos transparentes.
Lunas que pasan.

Y qué es la traición
más que un cuchillo
o un espejo
más que un gusano
seco de mariposas
o un deseo
que nunca se cumple.

SAMURAI

el océano
y la frágil katana
de las noches

El horizonte
atraviesa el cielo.
Como el amor.

LOS PIES

Trigrama del Trueno
CHEN
El crecimiento, el movimiento,
el trabajo.

Si en este frío
siento aún tu calor
haré el camino.

Quise huir de la tierra
cortarme los pies
para hacerme unas alas
quise volarme el corazón
en pedazos pero en el barro
encontré una flor.

Si el amor está
lejos del pecho
no pidas agua ni palabras
aprende de las piedras
a vivir con sed
del silencio a morir de pie
cava tus sueños bien adentro
hasta las alas
y cuando las encuentres
aprende a caminar.

Entre recuerdos y sueños
hay un camino de aire
un puente
invisible a los pies
un instante
que el corazón presiente
Un respirar.

si meditara en la profunda montaña del Tibet
donde crecen flores que curan las almas

si ayunara entre antiguas oraciones
de alba a alba sin las noches

si elevara mi cuerpo hasta el cielo
sin pensar en nada

si leyera toda la poesía
si escribiera todas las palabras

no sabría dónde estás
 no vendrías a mi casa

No crecen flores en el cemento
no existen
hielos que nunca se derriten
ni árboles de piedra
hasta la difícil arena
se deja querer por el tiempo
así mi corazón
no puede más y me lo llevo

en otros caminos
le darán amor.

Haré bien mi equipaje
ahora que sé desnudarme.
Y me iré a soñar.

No hay sombrero
para las mariposas
Camino a Qom
con sandalias de piedra
y bastones de cielo.

Como la hormiga
doy pasos invisibles
por un camino que ya es mío

voy todos los días al lugar
donde vive mi corazón
y llevo una hoja con palabras

el amor aparece
 entonces
cuando nadie lo ve.

El secreto del hormiguero
es trabajar la oscuridad
hasta la noche de las noches
llegar con un verso
a ese corazón difícil y parecido
que da los mismos pasos
hasta que nos encontramos.

Lento camino
llévame entre las piedras
hasta su corazón

LOS BRAZOS

Trigrama del Viento
SUN
La fuerza que llega a todas partes

Hay que hacer mil veces
el camino
volver al principio morir
de nuevo
darle el pecho al amor
abrazarlo
criarlo hasta que vuele
con su propio corazón.

si amaneces
con el corazón a la intemperie
abraza este poema

El alba termina
cuando la última cornisa
cierra los ojos
entonces podemos
colgarnos de un sueño
abrazar el aire
inventar un ángel.

Haré un amuleto
con tus silencios

lo colgaré del amor
en el pecho

tendrá ojos de búho
y un lobo
parecido a tu corazón

distraído
que siempre sabe dónde estoy
solitario

un amuleto sencillo
como tu cuerpo
cuando cae en mis brazos.

MUJER

más piernas quebrazos
más brazos quepiernas
más ojos que boca
con lengua sin lengua
depende
sin palabras mágicas
pero una palabra
siempre

HEXAGRAMA ASCENDENTE

más alto
todavía
como un cielo
se abren
las piernas
desde abajo

ha pasado tu perfume
por la calle
iba en otra piel

cerré los ojos
respiré y respiré
para abrazarte en el aire

Cuando aparece una flor
en mitad de un sueño
puede que alguien
quiera perfumar tu corazón

puede ser un deseo
que abraza la existencia
de los pétalos
o un amor que se planta
en lo profundo de la noche
para que no te lo pierdas.

En ese punto del aire
sin respirar
están tus brazos
me salvan de morir
corazón afuera
de saltar
corazón abajo.

Abro los brazos
cuando cae la lluvia.
Mojo mis alas.

Peregrino descalza hacia tus brazos
llevo las manos vacías
y sed en un cántaro.

EL CORAZÓN

Trigrama Nueve
Símbolo Poético

La mariposa
intuye que el gusano
es un corazón.

He atado mi corazón a un palo
y lo he clavado en el mar

que se lo lleve el viento
que se maree
que escriba tu nombre
en la arena
que la distancia lo venza
o lo haga fuerte
que no vuelva a mi pecho
sin amor.

Desde que tengo corazón
he cambiado de amor
de país y de casa

el paisaje es el mismo
mientras yo respiro

los recuerdos no iluminan el vacío
los sueños no apagan la distancia

he juntado años y hojas
mientras el tiempo
no existe más que ahora.

Sola en el aire
sostengo el nido
del instante.

no muevas más montañas
abre el corazón
y derrítelas

si te gusta un corazón
no preguntes
no prometas
entra
y a todo lo que encuentres
dale amor

Lo que me gusta de los sueños
es tu pecho

ese lugar
como el mar

ese murmullo
profundo

donde mi corazón descansa.

pero mi corazón nunca es nuevo
sigue las flechas del destino
por si hay amor

Las historias de amor
son profecías

de las hierbas del pecho
y un olfato milenario
que la piel convierte en fuego
en oración
en sahumerio
en conjuros invisibles
que se nos dan en sueños.

Las historias de amor
son antiguas clarividencias
y el dolor de una espada
anterior a la magia

se presienten
como la lluvia
como el beso

están en nuestra vida
hace mucho tiempo

desde que fueron escritas
en ese misterio que es el corazón.

A Arantxa Oteo

Cuando en la nada
no queda más
que uno mismo
uno aprende a quererse de nuevo
a perdonarse
a sentir el abismo como un jardín
y el don de la semilla
porque el corazón merece
una flor todavía.

Y todas las noches pido un deseo:
oír los latidos de tu corazón.

ÍNDICE

Símbolos mágicos 9
Trigrama nueve 10

LOS OJOS

Hay que ir corazón adentro 13
He leído el tiempo 14
¿Pero quién tiene 15
Donde el mar sabe quién soy 16
qué hará el mar 17
En los espejos de la noche 18
Hace miles de años 19
apaga los espejos 21
Jardines de Suzhou 22
Y si la luna 23

EL VIENTRE

Hacer una casa 27
Desde mi casa 28
Después de la siembra 29
Hay en el aire 30
Llevo en mi corazón 31
Te he visto pasar por el espejo 32
Aprendo de las hormigas 33
Ahora haré mi casa 34
Abre tu casa en la oscuridad 35
Nido 36

La boca

La vigilia de un beso 39
He cambiado tus labios 40
La poesía es un viaje 41
Cha no yu 42
Lo único que hay 43
Hace trescientas noches 44
Secreto 45
Armas 46
Agua de los sueños 47

Las manos

El vacío se hace a mano 51
El cielo llega profundo 52
cuando parece posible 53
Adivina la distancia 54
Lo mejor de la noche 55
En el refugio de los sueños 56
Y cuando no tenga más 57
Con palabras 58
Escribí un sueño 59
Cuando no sepas 60

El oído

Tanto silencio 63
Nada en las manos nada 64
Yo no busco en el aire 65
El tiempo es un secreto 66
solo el aire 67
Una palabra de amor 68
En este jardín 69

No sé del violín ...70
Cuántas palabras ...71
Kireji ...72
Las mariposas ...73

La mente

Detrás del cielo ...77
nada olvidaremos del pasado ...78
Si no encuentras tu corazón ...79
Como el aire ...80
pero no hay cómo saber ...81
No pude hechizar el tiempo ...82
La esencia de papiro ...83
Trasluz de aves ...84
Y qué es la traición ...85
Samurai ...86
El horizonte ...87

Los pies

Si en este frío ...91
Quise huir de la tierra ...92
Si el amor está ...93
Entre recuerdos y sueños ...94
si meditara en la profunda montaña ...95
No crecen flores en el cemento ...96
Haré bien mi equipaje ...97
No hay sombrero ...98
Como la hormiga ...99
Lento camino ...100

Los brazos

Hay que hacer mil veces ...103

si amaneces	104
El alba termina	105
Haré un amuleto	106
Mujer	107
Hexagrama ascendente	108
ha pasado tu perfume	109
Cuando aparece una flor	110
En ese punto del aire	111
Abro los brazos	112
Peregrino descalza hacia tus brazos	113

El corazón

La mariposa	117
He atado mi corazón a un palo	118
Desde que tengo corazón	119
no muevas más montañas	120
si te gusta un corazón	121
Lo que me gusta de los sueños	122
pero mi corazón nunca es nuevo	123
Las historias de amor	124
Cuando en la nada	125
Y todas las noches pido un deseo	126